Flora von Bistram

Narben

AF216401

Bibliografische Information:
Dieses Buch ist bei
Deutsche Nationalbibliothek und Landesbibliothek
als Puplikation verzeichnet.

Texte, Cover, Fotos,
Layout
Flora von Bistram

Herstellung und Verlag:
BoD - Books on Demand, Norderstedt
ISBN 978-3-7448-6828-0

Flora von Bistram

Narben

Gedichte von Liebe und Leid

Vorwort

Das Leben schenkt nicht nur
Freude, Glück und Liebe,
sondern auch Kummer und Leid.
Menschen besuchen und verlassen
unsere Welt und uns.
Wir lernen aus allen Geschehnissen
und können so vielleicht reifen,
den Sinn erfassen und Gewesenes annehmen.

Es gibt immer wieder schöne Momente,
wenn wir sehen, hören und fühlen
und nicht einem Glück im Nebel nachjagen.
Schon ein besonderer Sonnenstrahl,
das helle Lied eines Vogels
oder eine nickende Blume am Wegesrand
können das Herz erfreuen.

Eine Umarmung, ein Wort, eine Begegnung
Kinder, Enkel und Stammfamilie,
Freunde und Nachbarn...
Egal, wie sich das Leben uns zeigt,
wir sollten ganz besonders dankbar sein,
wenn wir noch sehen, hören, riechen,
schmecken, sprechen und laufen können.

Das ist eine Gnade,
die nicht allen Menschen geschenkt ist.

Flora von Bistram

Narben

ist eine Sammlung von Gedichten

aus ungefähr 50 Jahren Erleben.

Sie erzählt von Liebe

aber auch von damit

oft verbundenem Leid.

Das können Trennungen

der weltlichen Art sein,

aber auch der Tod,

der uns unserer Lieben beraubt.

1967 - 1968

Friedemann
Radolfzell-Köln

An Tagen wie diesen

Ich könnte hell jauchzen,
an Tagen wie diesen,
könnt springen und tanzen
durch Wälder und Wiesen,
die Bäume umarmen,
im See munter toben,
und mit allen Tieren
den Schöpfer froh loben.

1967

In Liebe erblüht

Sieh Knospen aufbrechen
im Streicheln
des warmen Sommerwindes.
Es formte sich die Hoffnung
in meinem Herzen
zu einer Blüte
die ich dir duftend darbot
und das Wunder,
das unsere Namen trug
begann in Liebe zu erglühen.

1967

Dieser Tag

Flatternd, zappelnd das Diskolicht,
Musik zwingt zum Tanz
Rauchschwaden wabern um Leiber
die rhythmisch miteinander
in ihrer Versunkenheit verschmelzen
sich lösen, wiederfinden.

Durstig niedersinken auf den Platz
an dem angestammten Tisch
der nun Neuankömmlinge aufnimmt.
Ein zwingender Blick aus unbekannten Augen,
der brennend die Haut versengt,
fragend, Kopfbewegung zur Tanzfläche.

Noch jeder für sich, doch näher und näher,
gemeinsam wiegen, sich drehen
und das Feuer beginnt zu brennen.
Verloren inmitten der Menge,
doch aufgefangen, in Besitz genommen.
Wehrlos, atemlos...passiert...verliebt.

1967

Mainau

Die Blütenpracht sehen
Vor Prachtbauten stehen
Die Sonne genießen
Bekannte begrüßen
Die Insel erkunden
Dann schwimmen paar Runden
Tanzen durch Wiesen
Die Liebe genießen
Von Sehnsucht getrieben
Im Ruderboot lieben
Den Alltag vergessen
Verzichten auf Essen
Und nachts dann zurück
Wir singen voll Glück

1967

Meine Seele

Manchmal möchte ich dir sagen,
was mir einst wurd' angetan,
doch verschließ ich's in der Seele,
lasse niemanden daran.

Manchmal spür ich, du willst fragen,
warum ich nicht reden kann,
doch zu sehr schmerzt es die Seele,
ich lass niemanden daran.

Manchmal möchte ich gern weinen,
einfach so, vor Glück, doch dann
leg ich Riegel vor die Seele,
dass mir niemand wehtun kann.

1967

Manchmal traue ich mich gar nicht,
wirklich glücklich zu sein,
denn es ist so unfassbar schön,
dass ich ein wenig Angst habe,
eines Tages kommt ein
neidischer kleiner Teufel
und raubt mir meine Liebe, mein Glück.

1968

Findungszeit

Ach wie lieb ich deine Hände
die mich liebevoll umschließen,
stumme Worte füllen Bände,
lassen Zauberrosen sprießen.

Ich fühl mich so ganz geborgen,
du gibst mir jetzt Sicherheit,
nirgendwo sind Kummer, Sorgen.
Jetzt ist unsre Findungszeit.

1968

Wir sind Geigen, die wunderbar klingen,
verschmelzen in inniger Harmonie
Wir sind Stimmen, die gemeinsam singen,
die Lieder der Liebe und Phantasie.

1968

Die Liebe

Beginnend durch ein Lächeln,
auch du hast es erlebt
erwacht durch einen Kuss
dass alles in dir bebt

SIE ist wie warmer Wind
der in dein Herz sich weht
SIE ist wie eine Stimme
die viel von dir erfleht

SIE ist wie süßer Wein
der schwach dich heute macht.
der deine trüben Augen,
zum Leuchten hat gebracht

SIE lässt die Haut erglühen
die eben noch ganz kalt
und die Magie der Träume
berührt die Herzen jung und alt

SIE trägt uns mit ins Paradies
hält in Verzauberung uns fest
genieße jede Stunde froh,
die du dich von ihr finden lässt

1968

Allein,
aber nicht einsam
zufrieden
gelöst
mit mir allein
Hier im Wald
gelehnt
an meinen Baum
Mutter und Vater
für mich
Genießen
die stillen Stunden
der Besinnung
der Entspannung
der Meditation
So bin ich dir
ganz nah.
Mit jedem Atemzug
sende ich dir
einen Teil
meiner Seele.
Mit jedem Herzschlag
ein Stück von mir
bei dir
Allein
aber nicht einsam
in mir
bin ich
in dir

1968

Doppelleben

Du hast leis von ihr gesprochen,
von dem ehelichen Band.
Hast zweimal den Schwur gebrochen,
hieltest weinend meine Hand.

Du versprachst uns beiden Treue,
Liebe bis in Ewigkeit.
Hast gelogen, sprichst von Reue…
Schnell vorbei war unsre Zeit.

Nein, ich wollt' vor dir nicht weinen,
zeigte dir nicht meine Qual,
muss ein weit'res Wir verneinen,
denke still: Es war einmal.

Konnte es dir nicht mehr sagen,
dass ich in mir trug dein Kind,
gehe heimlich, ohne Klagen,
folge westwärts nun dem Wind.

Neu will ich jetzt dort beginnen,
wo des Bruders Wohnstatt ist.
Und im zeitlichen Verrinnen
du vielleicht vergessen bist.

1968

Ich habe mir gewünscht

dass du unsere Liebe ernster nimmst,
die Saiten deiner Geige mit meiner stimmst,
gemeinsam mit mir unsere Wege bereitest,
und nicht ohne mich den Alltag bestreitest.

Ich habe es mir so sehr gewünscht

1968

Gewitternacht

Donnergrollen,
Blitze durchzucken den Leib,
von Krämpfen geschüttelt
entflieht das Leben.
Mein Schrei ist der deine.

Oh mein Kind!
Dich werde ich niemals weinen hören.

1968

Meine Erinnerung

ist wie ein Buch.
Du bist darin ein Bild -
ein wenig verblasst
fast nicht verknittert.
Bild mit Rissen,
die in mir bleiben.
Sie werden Spuren
durch mein Leben zeichnen.

1968

Band der Rose und Liebe

Die Rose in deiner Hand
umwunden von einem Band
und auf dem Band steht Liebe

Die Rose dort auf dem Tisch
sie ist schon lang nicht mehr frisch
und das Band ist zerschlissen

Die Rose und deine Hand
das verlorene Band
Erinnerungen... ganz ferne

1968

Regen der Seele

Ich sitze am Fenster,
sinnend, einfach nur so,
denn draußen regnet es.
Wie Blumen im Wind,
wie Schmetterlinge
auf Frühlingswiesen
tanzen die bunten Schirme
auf den glänzenden Straßen.

Die Bäume wiegen ihr
rauschendes Blätterkleid.
Beugen sich,
von dem pfeifenden Wind
zu steten Bewegungen
immer neu angetrieben,
als wollten sie den kalten,
nassen Regen
von ihren bebenden
Blättern abschütteln.

Der Regen klopft
an meine Fensterscheibe
im gleichen Takt
meines verletzten Herzens

und obwohl ich im
trockenen Raum sitze,
fühle ich mich nass,
denn der Regen meiner Seele
prasselt weiter auf mich nieder
und überschwemmt
meine Gedanken.

1968

Ich geh an den Fluss

Ich geh durch die Stadt
fühl Singen und Klingen,
denn ich will hinaus an den Fluss.

Die Hochhäuser immer
die Sicht mir verbauen
für Bilder, die mir froher Gruß.

Die Füße woll'n tanzen,
der Mund möchte rufen,
ich gehe hinaus an den Fluss.

Dort wo die Weiden,
noch sonnengold schimmern,
sich nickend neigen zum Kuss.

Mein Herz voller Sehnsucht
nach Wiesen und Wasser
es zieht mich hinaus an den Fluss,

durch Straßengewirre
voll Hupen und Quietschen...
doch plötzlich ist damit dann Schluss.

Das Tal mit den Farben,
gesprenkelt und leuchtend
begrüßt mich hier draußen am Fluss.

Und das Herz wird mir weit
und die Seele so leicht
die sonst in der Stadt darben muss.

Köln 1968

Morgengruß

Noch schwimmt der Morgen
feucht erhellt,
verwaschen
wacht nun auf die Welt.
Ein leichtes Weben
in der Luft
umhüllend
zarter Rosenduft.
Die Blätter färben sich
am Weine.
Im Gras,
da funkeln Edelsteine.
Die Sonnenküsse
bringen Licht,
mich schreckt
das Dunkel heute nicht.

1968

Nur mein Traum

Ich sehe dich, ich fühle dich,
doch es wird mir bewusst,
du bist nur in meinem Traum.
So schlafe ich weiter,
denn Erwachen tut weh.

1968

1969 bis 1975
Michael
Köln-Bayreuth-München-Hannover

Still still still
damit wir das Klopfen
unserer Herzen hören können
Das Schwingen des Gleichklangs
trägt uns und singt
gemeinsames Seelenlied
Wünsche sind wie Blicke durch
das goldene Tor
in den Himmel.
Den Weg zur
Erfüllung müssen
wir selber gehen.

Wenn du lachst
lachst du aus vollem Herzen
und dein Mund
versteht es sanft zu scherzen
Ein frecher Schalk
blitzt stets aus deinen Augen
in einem Blau
die wohl zum Flirten taugen
Was du sprichst
ist klar und unverfroren
du bist verliebt
bis über beide Ohren

1969

Ein Schwingen
ahnt sich durch das Fühlen
hellklopfend
stimmt das Herz sein Lied
gedankenspringend
küsst mich der Tag
und fängt mich
glücklachend ein
Versinkend in Himmelsgeläute
sehe ich ein wolkenloses Firmament
und möchte es rufen
und singen
und tanzen
Ich hab dich gefunden
das Glück dieser Welt

Weil wir eins sind
atmen wir uns
Du in mir
Ich in dir
Entfernungen
lassen wir schwinden
In deinen Händen ich
In meinen Händen du
Wir in unseren Herzen
Gemeinsam
Leben wir uns
Atmen wir uns
Du in mir
Ich in dir

Die Windsbraut

Lasst mich leben, lasst mich springen,
lasst mich tanzen, lachen, singen,
lasst mich tollen, glücklich sein,
zwängt mich nicht in Glas hinein,

denn im Glas kann ich nicht leben,
täglich würd es Scherben geben.
Würde auch die Sonne scheinen,
stündlich sähe sie mich weinen.

Komm doch, Vater Sturmgebraus,
hol mich aus dieser Enge raus,
steig mit mir in lichte Höhen,
du allein kannst mich verstehen.

Du weißt, dass ich bin wie du,
ohne Rast und ohne Ruh.
Oh Vater Sturm, ich bin verliebt,
doch sei darüber nicht betrübt.

Der, den ich liebe, ist wie wir,
ist einmal dort und dann mal hier.
Ach Vater Sturm, es ist der Wind!
Magst du ihm geben wohl dein Kind?

Oh Väterchen, ich weiß genau,
du lässt mich werden seine Frau,
`nen bessren Sohn, den wüsst` ich nicht,
der könnt besteh'n vor dein'm Gesicht.

Oh Tochter mein, du machst mich froh,
ja, deinen Mann wünsch ich mir so.
Dann zieh mit ihm, dem Liebsten dein,
mit ihm nur kannst du glücklich sein.

Du magst mit ihm die Welt durchstreifen,
ob Winter ist, ob Früchte reifen,
wenn Sommer ist und Blumen blühen.
Doch wenn im Herbst die Nebel ziehen,

dann denk an Vater Sturmgebraus
und komm mit Mann und Kind nach Haus.
Dann geh'n zusammen wir auf Fahrt,
auf eine, ganz nach unsrer Art.

Wir wollen stürmen durch die Gassen,
wenn auch die Leute uns dann hassen.
Wir wollen sein, so wie wir sind,
Lass dich umarmen liebes Kind.

1969

Liebe bist du

Du lebst jetzt so ferne
Ich liefe so gerne
der Sonne entgegen
nicht achtend den Regen
durch Sturmes Gebrause
ganz fern von Zuhause

Nicht Schnee und kein Eis
keine Wüste so heiß
lässt mich jemals klagen
ich kann es ertragen
denn jeder Weg hier
führt mich nur zu dir

Die Felsen erklimmen
die Meere durchschwimmen
Ich scheu nicht die Klüfte
kein Toben der Lüfte
Kann Sehnsucht ertragen
muss nichts hinterfragen

Im Gleichklang der Herzen
vergehen die Schmerzen
die Trennungen bringen
Ich will darum ringen
dass wir uns vereinen
und nichts mehr verneinen

Will wälderwärts ziehen
der Trübsal entfliehen
die Menschen verbreiten
Es werden mich leiten
das Hoffen, das Lieben
Die sind mir geblieben

Und nichts ist vergebens
du Sinn meines Lebens
Die Worte von Goethe
sprech froh ich - ohn' Nöte
„Glück ohne Ruh
Liebe bist du"

1970

Ein Tag im Winter

Schneeflocken fallen
auf das Dachfenster
und vergehen

Arm in Arm
Nur liegen erzählen
Fragen beantworten

Erinnerungen austauschen
Mehr und mehr erfahren
Uns kennenlernen

Aufeinander einstellen
Ein Gemeinsam proben

Wie leicht
wenn alles andere
draußen bleibt

1969

Sommersprossen der Liebe

Aufgetaucht aus den Wellen,
aus den Mutterarmen Meer,
vereinigen sich die Tropfen
aus meinen
zurück geworfenen Haaren,
tanzen mit der
hochschäumenden Gischt,
die als Ornament
von der gleißenden Sonne
auf meine Haut gebrannt wird.

Übermütig umfängst du mich,
wir lassen uns wieder fallen,
treiben gemeinsam
und Sommersprossen der Liebe
bleiben in unsere Herzen getupft.

1971

Blüten im Wind

Ich sehe wunderschöne bunte Blüten,
vom Wind durch die Luft getragen,
doch fallen sie nicht herunter,
sie tanzen um die Zweige herum,
lassen sich wieder daran nieder
und erst im Näherkommen erkenne ich,
dass es zarte Schmetterlinge sind.

1971

Ich fühle mich so wonniglich,
wie eine Katze schnurre ich
und roll mich fest zusammen
Ich hoffe drauf, auch du fühlst dich
so gut, wie ich und kraulst nun mich,
und schon stehst du in Flammen.

1971

Wir saßen still in unsrem Boot,
ganz nah und tief in uns versunken,
und haben dann das Abendrot
in Liebe ausgetrunken.

*

Vom warmen Sommerwind geküsst
mit Sternensand warm eingerieben
sind wir mit unserer Träume Schiff
dem Himmel kosend zugetrieben

Neustadt 1971

Mehr als...

Ich bin mehr als meine Augen,
ich bin mehr als mein Gesicht,
ich bin mehr als meine Hülle,
ich bin mehr als mein Gewicht.

Ich bin mehr als meine Worte,
ich bin mehr als meine Größe,
ich bin mehr als mein Gestern,
ich bin mehr als meine Blöße.

Ich bin mehr als mein Lachen,
ich bin mehr als mein Haar,
ich bin mehr als meine Rolle,
ich bin mehr als ich je war.

Ich bin das, was Du siehst,
wenn du mit dem Herzen liest.

Ich bin ich.

1972

Sprache der Herzen

Du hast viel zu viel geredet,
als du lieber hättest schweigen sollen.
Ich wollte nichts mehr hören,
wartete zu lange
auf die richtige Aussage.

Doch wie sollst du wissen,
was ich fühle,
wenn ich mich selber nicht kenne.
Ich wollte dir so oft
schon so viel sagen,
doch fehlten mir die Worte.

Wenn wir ganz still sind
und die Augen schließen
vielleicht hören wir dann
die Worte unserer Herzen,
denn sicher kennen sie
die richtige Sprache.

1974

Leergeliebt

Trunken taumelnd
sie verschwendend
und nur genießen
Hätten wir doch mit ihr gegeizt
besser dosiert
als sie unerschöpflich schien

Wir hätten kleine Dosen
damit füllen sollen
sie auf Ketten fädeln
ihren Samen sammeln
um sie für immer
zu bewahren
Unsere Liebe leergeliebt

1973

Vertrauen verspielt

Ach, ich wünschte, deinen Händen
könnte ich mich anvertrauen,
doch ich steh vor dunklen Wänden,
kann auf dich so gar nicht bauen.

Bist ein Heuchler, kannst gut lügen,
deine Worte Schall und Rauch.
Und ich muss mich selber rügen,
fühlte ich der Falschheit Hauch,

als du schworst mir ew'ge Liebe.
Du brachst deinen Treueschwur,
folgtest der Begehren Triebe:
„Wirklich, es war einmal nur!"

Doch du kannst nicht widerstehen,
viel zu oft betrogst du mich.
Drum sag ich: Auf Wiedersehen,
unsre Ehe löse ich.

Und ich denke - ohne Schmerzen
eines bleibt dann doch von dir,
trag dein Kind jetzt unterm Herzen
und es bringt den Frieden mir.

1973

Verflogen

Straff gespannte Leine -
unser Drache taumelt im Sog
des schon Kühle flüsternden Windes,
der Sommer der Liebe ging vorbei.

Ich klebte mit buntem Papier
meine Wünsche auf,
doch so, wie der Wind weiterzieht,
verflogen auch meine Träume.

1974

Wünsche sind wie Blicke
durch das goldene Tor in den Himmel.
Den Weg zur Erfüllung
müssen wir selber gehen.

Engel der Herzen

In einem Traum aus Rosenblüten,
schimmernd in der Seiden-Nacht,
hat ein Engel, strahlend schön,
ein gebrochenes Herz bewacht.

Einen Schleier aus klarem Eis
legt' er milde um die Wunden
und hat es mit der Hoffnung leis
an neuen Glauben still verbunden.

Das Herz nun flüstert dem Engel zu:
sag Engel, was wird sein?
Find in der Kälte ich jetzt Ruh
Lass keine Wärme ich mehr ein?

Ganz leise gab der Engel Kunde.
Er sprach von neuem Mut.
Schon bald schloss sich die glatte Wunde
gestärkt von frischem Blut.

Er hüllte es in lichten Glanz,
gab Wärme ihm aus klarem Licht,
dass dieses zarte Herz nicht ganz
an seinem Kummer still zerbricht.

Und siehst du mal in heller Nacht
am Himmel milden Schein,
denk dran, auch du wirst hier bewacht,
dein Engel wird stets bei dir sein.

1974

1976 - 1977

für Jürgen ✝ *1977*
Norderney - Hannover

Traumnacht

Wir haben uns
im warmen Sand geatmet,
den Duft von Wärme
und Salz getrunken,
wir lauschten den Möwen,
dem Wellenspiel
und sind in Orkanen
der Liebe versunken.

Wir haben uns
in wilde Brandung geworfen,
das Lied der Liebe
auch dort noch gesungen.
Der Wind hat
uns're Melodien getragen,
sanft sind sie dann
in der Traumnacht
verklungen.

1976

Das Gestern

Berührungshungrige Haut
Erinnerung an Fühlmomente
Stimmen im Inneren so laut
rufen das Erleben
doch das Jetzt
schüttelt mir das Gestern
aus den Haaren
die noch im Wind wehen
wie damals

1976

Es waren
nur Sekunden
blickaneinandergeschmiegt
atemgemeinsamholend
gefühlsaufblitzend
und wissend
Es ist

Wie ein Kind

Wie ein Kind tanz ich im Regen
nach der furchtbar heißen Zeit
lass mich küssen von der Wolke
die uns heute Kühlung gibt

Barfuß durch die Pfützen laufen
dass das Wasser ganz hoch spritzt
lass mir das Gesicht massieren
Haare spült der Regen weich.

Das Erinnern lässt mich lächeln
heut in diesem Himmelsnass
und mein Gang wird fast beschwingter
So begrüße ich den Tag.

1976

Ballett im Kornfeld

Siehst du die zarten Elfen schweben
dort in dem Kornfeld nah am Rain,
wie sie den Äckern Farbe geben,
mit bunten Kleidern, seidenfein?

Die roten Chiffonkleider wehen,
sie tanzen, zart vom Wind geküsst,
auch Blaugeschmückte könn' wir sehen,
solange Sommertanzfest ist.

1976

Zärtlichlichkeit I

Zärtlichkeit ist nicht nur
Haut an Haut,
sondern eine Macht,
die in Worten, Blicken
und Gedanken liegen kann,
die den Kopf ausschaltet,
Schranken öffnet.
Eine innige Kraft,
die direkt in die Seele flutet.

1976

Versunken

Die Wellen tanzen
und der Wind trägt Wärme
Hand in Hand
vom Deich geführte Schritte
Atmen im Gleichtakt
Plötzlich unverhofft
deine Hand an meiner Wange
tausend Liebesfunken strömen
aus deinem Lächeln
direkt in mein Herz

1976

Traumnacht

Wir haben uns im warmen Sand geatmet,
den Duft von Wärme und Salz getrunken,
wir lauschten den Möwen, dem Wellenspiel
und sind in Orkanen der Liebe versunken.

Wir haben uns in wilde Brandung geworfen,
das Lied der Liebe auch dort noch gesungen.
Der Wind hat uns're Melodien getragen,
sanft sind sie dann in der Traumnacht verklungen.

1976

Dieses Lied singst du für mich
und deine Stimme kriecht
unter meine Haut
wird zu Händen die streicheln
Jeder Ton - jeder Atemzug
Berührung wie Samt und Seide
Schwingungbeseelt
Wir in Uns

1976

Brandung der Zeit

Lauschen wir
den Gesängen
der Meereswellen
Ihre Melodien rauschen
im Sturm unserer Herzen
Die Brandung der Zeit
wird ewig mit dem Wind
unsere Liebe singen

1977

Wellenumkost

Noch sommern Dünen und See
Wellenumkost entspannt der Leib
Glitzernde Küsse der Gischt
öffnen verluststarres Herz
Tränensalziges Wasser
wirft eine Muschel in meine Hand
Möwen singen heiser den Herbst

1977

Zärtlichkeit II

Deine Stimme schwingt noch im Raum
und die Zärtlichkeit nimmt mich mit
auch wenn du lange schon gegangen bist
Sternenstaub der Hoffnung auf Wiedersehen
bedeckt die Zeitspannen deiner Abwesenheit.

1977

Unverbraucht

Aufgeschäumte Meeresränder
lichtgemalt in Sehnsuchtsblau
leiser Wind trägt das Erinnern
legt es tief- warm in mein Herz.

Und das Hoffen bauscht in Wolken
sanft flieht Trauer vor dem Tag
Möwenkreischen wird zu Liedern
Freude tanzt der Wellenkamm

Nun erstehen vor mit Zeiten
durch die Liebe reich gemacht
Stark lebendig unverwundbar
bleibt sie in mir - unverbraucht

1977

Er kam zu früh

Ich konnte kaum atmen,
zu schwer war die Luft,
im Schweigen erstarrte der Wald,
der Schatten des Todes
nahm allem den Duft
es war jedes Tönen verhallt.

Die Sonne verbarg
in den Wolken ihr Licht,
ein jegliches Blühen verschwand,
der Himmel bezog sich
mit Grauwolken dicht,
die Welt trug ihr Trauergewand.

Oh du mein Leben,
noch fass ich es nicht,
es fällte dich Todes Gewalt.
Ich sehe stets vor mir
dein stilles Gesicht,
und sehne mich nur noch
nach Halt.

1977

Letzter Abschied

Welch ein hartes, wehes Beben,
welche Macht und doch so still,
als ob Schmetterlinge schweben,
wenn die Seele weinen will.

Deine bleichen Lippen schweigen,
sagen nie mehr zärtlich „Du"
Deine schönen warmen Augen
zwinkern mir nun nie mehr zu.

Sonnenstäubchen tanzen Reigen
auf dem Bett und an der Wand,
Flöten höre ich und Geigen –
lausche ihnen wie gebannt.

Schluchzend nehm ich deine Hände
hab sie inniglich geküsst.
Stehe vor des Leben Wende
weil du still gegangen bist.

Der Himmel öffnet weit die Tür,
denn deine Seele will nach Haus,
und tränenblind steh ich vor dir-
doch lasse ich sie still hinaus.

1977

Trauer

Du bist ganz still gegangen,
noch warm ist deine Hand.
Ich spüre dich ganz nahe,
seh' Schatten an der Wand,
die wie ein Zeichen wirken,
als kämst du gleich hierher.
Doch Wind ist's in den Birken –
sie wiegend – und alles wirkt so leer.

1977

Brandungslieder

Goldene Lichtbänder tanzen
auf dem Blau der Wellen
die sich mit weißer Gischt krönen

Möwenrufe klingen heiser
und meine Hand ist so leer
ohne die deine

Brandungslieder öffnen mein Herz
dass dich immer noch sucht

1977

Zeitlos

Überall noch dein Gesicht,
warme Augen, dieser kussliebende Mund.
Es begleitet mich und lächelt
meinen Schmerz um Deinen Verlust weg.
Die Sonne wurde von Schatten begraben
und verlor ihr Licht, das zurückkehrt,
denn mir blieb Dein Gesicht
tief in meinem Herzen und es lächelt
zeitlos

1977

Ich denke an dich

Stets denke ich an dich,
wenn die Natur ganz frisch erwacht,
die Sonne warm vom Himmel lacht,
denn dann berührst du mich.

Oft denke ich an dich,
wenn Frühling Blütenträume malt
und überall ein Lachen strahlt,
denn dann lachst du für mich.

Heut denke ich an dich,
denn unser Meer hebt sich laut tönend
und Winde toben klagend, stöhnend,
denn so sehr klage ich um dich.

Laut denke ich an dich,
wenn Vögel deinen Namen singen,
die Blätter rascheln und erklingen,
dann singen sie für dich und mich.

Still denke ich an dich
wenn nachts im Kerzen-Flackerscheine
ich manchmal sitze, um dich weine,
doch dann umarmst du mich.

1977

Wir wollten

Wir wollten unsre Wolkenträume
der Sonne auf die Strahlen schreiben
und durch des Meeresschaumes Kronen
bei Vollmond in den Wellen treiben.

Wir wollten uns aus Lust und Liebe
den Leuchtturm wind- und sturmfest bauen,
mit Muscheln eine Sandburg krönen
und Hand in Hand nach vorne schauen.

Wir wollten uns das Salz des Windes
gemeinsam von den Lippen küssen
und ohne lästig nachzufragen
des Anderen Gedanken wissen.

Wir wollten...
ich höre mich nur weinen
Wir wollten...
und du bleibst ewig stumm
Wir wollten...
du wurdest mir genommen
Wir wollten...
der Schmerz bringt mich fast um.

1977

Meer und Möwen

Ich lausche versonnen
dem Lied des Ursprungs unseres Lebens,
Meeresrauschen.
Heisere Rufe wecken mich
aus meiner Versunkenheit.

Weiße Federkleider
blitzen im grellen Licht der Mittagssonne.
Muschelreich, menschenleer
lädt der Strand am Abend ein.

Horizont taucht rot ins Meer,
ich höre der Möwen klagendes Rufen.
Meine Sehnsucht fliegt mit ihnen hinaus.

Licht und Schatten

Hinter Fenstern tanzen Schatten
fahles Licht weist mir den Weg
Falter fliegen wirr an Lampen
werden still daran verglühn.

Marktplatz - düster, ohne Leben,
grinsend turnen Hausgesichter.
Blumen liegen welk, zertreten
und der Brunnen schimmert grün.

Und das Sehnen ist Begleiter,
Tag und Nacht geh'n Hand in Hand,
rabendunkle Du-Gedanken
lassen nicht den Himmel sehn.

Dann, von fern ein kleines Stimmchen
ruft und klagt, es singt und lacht...
Nachtigall im Park des Lebens
lässt mich lächelnd stille steh'n.

Ist es wohl dein Ruf von Jenseits,
der mich rüttelt, wach zu sein,
der mir winkt mit Klang und Farben,
die für uns am Wege blüh'n.

Nun wird auch der Himmel heller,
Sonne schiebt die Nacht hinweg.
Dankbar atme ich den Morgen,
denn das Leben ist doch schön.

1977

Berührungshungrige Haut
Erinnerung an Fühlmomente
Stimmen im Inneren so laut
rufen das Gestern
Doch das Jetzt
schüttelt mir das Gestern
aus den Haaren
die noch im Wind wehen
wie damals

1977

Perlenkette

Ich sammelte wie teure Perlen
all meine Tränen für dich auf.
Ich fädelte sie auf ein Lebensband
und trug sie als Kette lange Zeit.
Doch je länger ich sie trug
funkelten sie eisiger in mein Herz.
Darum zerriss ich sie und vertraute
ihre Fragmente dem Wind an,
der sie mit sich nahm und in mir
blieb nur das leise Klingen zurück.

1977

Manchmal

Manchmal bin ich gern allein,
ruhe in mir, leicht und still,
träumen ist es, was ich will,
tausend Dinge fall'n mir ein.

Manchmal sitz ich neben dir
will dir einfach nahe sein,
denn du nimmst mein Fühlen ein,
lächelnd schaust du dann zu mir.

Manchmal fühle ich mich gut,
wenn mich die Gedanken küssen
und wir gar nicht reden müssen,
versteh'n uns ohne Worteflut.

Manchmal werde ich dann wach,
du warst nur in meinem Traum,
leise weht der Wind im Baum
und das Sehnen lässt nie nach.

1977

Ich denke an dich

Stets denke ich an dich,
wenn die Natur ganz frisch erwacht,
die Sonne warm vom Himmel lacht,
denn dann berührst du mich.

Oft denke ich an dich,
wenn Frühling Blütenträume malt
und überall ein Lachen strahlt,
denn dann lachst du für mich.

Heut denke ich an dich,
denn unser Meer hebt sich laut tönend
und Winde toben klagend, stöhnend,
denn so sehr klage ich um dich.

Laut denke ich an dich,
wenn Vögel deinen Namen singen,
die Blätter rascheln und erklingen,
dann singen sie für dich und mich.

Still denke ich an dich
wenn nachts im Kerzen-Flackerscheine
ich manchmal sitze, um dich weine,
doch dann umarmst du mich.

1977

Himmel und Meer

Dem Wind entgegenlaufen
durch aufsprühende Gischt.
Möwenschreie mischen sich
mit Meeresrauschen.
Himmelsblau wird betupft
von Wolkenweiß.
Laufen, laufen
bis das Abendrot
neue Farbbilder malt.

1978

Licht und Schatten

Hinter Fenstern tanzen Schatten
fahles Licht weist mir den Weg
Falter fliegen wirr an Lampen
werden still daran verglühn.
Marktplatz - düster, ohne Leben,
grinsend turnen Hausgesichter.
Blumen liegen welk, zertreten
und der Brunnen schimmert grün.

Und das Sehnen ist Begleiter,
Tag und Nacht geh'n Hand in Hand,
rabendunkle Du-Gedanken
lassen nicht den Himmel sehn.
Dann, von fern ein kleines Stimmchen
ruft und klagt, es singt und lacht...
Nachtigall im Park des Lebens
lässt mich lächelnd stille stehn.

Ist es wohl dein Ruf von Jenseits,
der mich rüttelt, wach zu sein,
der mir winkt mit Klang und Farben,
die für uns am Wege blühn.
Nun wird auch der Himmel heller,
Sonne schiebt die Nacht hinweg.
Dankbar atme ich den Morgen,
denn das Leben ist doch schön.

1977

1978 -1995

Rolf
Hannover - Hildesheim

Unsere Mühle

Ein berauschender Tag
so prickelnd voller Zärtlichkeit
lässt uns sanft
mit dem gleichmäßigen Klappern
des Mühlrads
in die lauschige Juninacht abgleiten

Noch heiß vom Taumel
der gelebten Gefühle
schickt das plätschernde Wasser
eine kühlende Brise
mit einem sanften Windhauch
und lässt uns erschauern

Juni 1978 Lüttelforster Mühle

Getroffen

Kalte Hände, heiße Haut
das Herz vibriert.
Deine Worte, voller Weichheit,
haben mich infiziert.

Die Sehnsucht, wie im Fieber
hat mich verbrannt.
Erwartung, wann wieder?
Ich spür deine Hand.

Deine Augen voll Wärme -
Ich konnte sie sehn.
Berührung, Umarmung
Ich ließ es gescheh'n.

1978

Augenblicke

Unsere Augen
blicken sich an
Augen...Blicke...
Berührungen
der besonderen Art
Rühren an
Nur im Fühlen
Im tiefsten Sein

Augenblicke

1978

Deine Nähe

Ich fühl deine Nähe,
bist du mir auch fern.
Ich trage die Sehnsucht in mir.
Ich schau in den Himmel,
seh dort unsern Stern.
Ich wäre so gerne bei dir.

Ich höre noch immer
dein zärtliches Wort,
ich ahne, du hörst
auch noch meins.
Ich glaube an Brücken
zu jeglichem Ort,
und ich weiß,
unsre Seelen sind eins.

Ich denke an dich,
wo auch immer du bist,
spür deine Gedanken an mich.
Ich habe im Stillen
dein Bild oft geküsst.
weil ich weiß,
jetzt ich liebe dich.

1978

...und plötzlich

wurde weit das Land
denn du warst hier,
wurde hell der Himmel
du sprachst mit mir.

Wurde leicht mein Herz,
deine Worte waren warm.
wurde Sehnsucht wach
nach deinem starken Arm.

Wurde weich mein Sinn,
du umfasstest mich.
Wurde klar mein Wort-
ja, ich liebe dich!

1978

Verbunden

Ich lag in deinen Armen
und wusste,
ich kann nicht bleiben
Ich versank in deinen Augen
und erkannte,
dass ich wieder auftauchen muss
In deiner Umarmung
drohte ich zu ertrinken
und doch blieb mir
die Luft zum Atmen
Ich konnte mich dir öffnen
ohne in Gefahr zu kommen
ausgeraubt zu werden
Ich konnte dich verlassen,
ohne ein Gefühl des Verlustes.
Ich weiß
du bist da
ich bin hier
Und doch sind wir verbunden.

1978

Ich liebe dich

Ich liebe dich
ist nicht immer das,
was man sehen kann,
du wirst es fühlen.
Ich liebe dich
zeigt sich im Zuhören.
Wir sollten
auf die Botschaft achten,
um sie zu verstehen.

Ich liebe dich
heißt für mich vergeben,
auch wenn der Kopf
nicht immer vergisst.
Ich liebe dich
und lasse dich los,
denn nur frei
kann ich dich halten.

1979

Himmel und Meer

Dem Wind entgegenlaufen
durch aufsprühende Gischt.
Möwenschreie mischen sich
mit Meeresrauschen.
Himmelsblau wird betupft
von Wolkenweiß.
Laufen, laufen
bis das Abendrot
neue Farbbilder malt.

Bittersüß

Haut auf Haut
Wärme ließ mein Nein schmelzen
wie Pralinen in der Sonne
Die Spuren werden
wie die Wärme vergehen
So wird die Erinnerung
bittersüß

1978

Du gehst heim

Du möchtest nur schlafen
und gar nichts mehr tun,
lebst still im Vergang'nen,
hast Zeit, nun zu ruhn.

An was magst du denken,
was siehst du denn nur,
wenn du so lieb lächelst -
Erinnerungsspur?

Vorbei sind die Zeiten
von Krieg, Not und Flucht,
doch Plätze der Kindheit
sind Heimweh-gesucht.

Mit suchenden Fingern
ertastest du Halt,
ich nehm' deine Hände,
sie sind ja so kalt.

Das Leben will enden,
du schläfst friedlich ein.
Ich schluck meine Tränen,
will hemmend nicht sein,

lass Raum deiner Seele,
die heimwärts nun schwingt
und in mir, ganz leise,
das Lied von uns klingt.

Für meine Oma April 1979

Regentanz

Ich tanze lieber im Regen,
hüpfe durch die Pfützen,
singe Tropfenlieder
und male mir helle Träume,
als auf die Wolken zu starren
und griesgrämig
auf die Sonne zu warten
denn der Tag ist das,
was wir daraus machen.

1988

Liebe und Meer

Brausend tosend,
hohe Wellen schlagend
vom Wind getrieben
wild und ungestüm
regengepeitscht
sonnenbeschienen
sanft plätschernd
umarmend und wiegend
leise und laut
stürmisch und glatt
Aufsteigen und Fallen
Dahingleiten Gegenankämpfen
Wärme und Erfrischung

So das Meer

So unsere Liebe

1988

Meine Angst

Du bist meine Sonne
die den Horizont vergoldet
mein Lied
das die Wellen für uns rauschen lässt
mein Tanz
den wir in den Wolken sehen
mein Mond
der uns das Meer versilbert
Meine Luft zum Atmen
Mein Tag und meine Nacht
Und du bist meine Angst
dass so ein Glück nie ewig währt

Glück in Farben

Lass uns das Glück in Farben tauchen
mit Küssen regenbogenbunt
Die Freude rot in Wolken schreiben
uns lieben samtig warm und weich

Will Sehnsucht in den Sand eingraben
mit dir gemeinsam Hand in Hand
Vertrauen wie ein Zelt aufbauen
und glauben an Beständigkeit

Silberspuren

Silberspuren auf der Haut
glitzernde Sternenstille
samtblaue Nächte
und im gemeinsamen Schweigen
singt die Liebe ihr Feuerlied

1982

Trauer und Erinnerung

Um die Lieben,
die wir verloren, zu sehen,
müssen wir nur die Augen schließen
und an sie denken.
Dann öffnet sich
der Park der Erinnerungen
und schließt uns ein
in das Spiel mit der Vergangenheit,
in dem wir wieder
zusammen lachen und weinen.
Ihr ICH ist in uns,
denn es gab die Gemeinschaft
WIR.

Lass uns tanzen

Lass uns tanzen,
diesen Tanz der Unendlichkeit,
befreit von den Hüllen,
die das Leben mit Narbennähten
uns auf den Leib schneiderte.

Lass uns tanzen
durch Träume der Vergessenheit,
entledigt der Masken,
die die Welt mit Meißelhieben
uns ins Gesicht hämmerte.

Lass uns tanzen
in das Licht der Ewigkeit,
vereinigt Hand in Hand,
um ins Nichts zu entschweben,
das uns frei werden lässt.

Lass uns tanzen

1989

Manchmal da singe ich lauthals ein Lied,
und tanze beschwingt durch den Tag,
doch mache ich das, damit niemand sieht
wie sehr ich doch eigentlich klag.

1989

Rosen im Wind

Ich umarmte die Rosen,
die du mir geschenkt,
ergab mich ihrer Schönheit.
Zu spät erkannte ich,
wie schmerzhaft sie
auch stechen können.

Zeugnis Deiner Liebe
sollten diese Rosen sein
und genauso erkenne
und empfinde ich sie heute.
Ich hänge sie gebunden
voll Zorn in den Wind.

1991

Verloren

Du mich
Ich dich
Wir uns
Irgendwann
Sehen Gesichter
Hören Worte
Doch nehmen wir uns
nicht mehr wahr
Verloren uns
Irgendwann

So viel

So viele Gedanken und darin nur du
So viel Gefühle und keinerlei Ruh
So viele Gerüche erinnern an dich
So viele Berührungen beunruhigen mich
So viele Gespräche geführt in der Nacht
So viele Träume gemeinsam erdacht
So viele Spiele zusammen gespielt
So viele Hände von dir stets gefühlt
So viel Geliebtes Erlebtes mit dir
So viele Wünsche die bleiben in mir
So viele Freuden erlebten wir zwei
So viele... so vieles...
und alles vorbei

1994

Sonett für den ertappten Lügner

Bevor du heimgehst, brich dein dunkles Schweigen,
sprich offen, schau mir direkt ins Gesicht.
Warum dein Mund wohl nie die Wahrheit spricht?
Du sollst nicht lügen, sondern ernste Reue zeigen.

Wie oft Ertappte ihre Blicke neigen,
gerad, als stünden sie schon vor Gericht
und doch bekennen sie die Schuld noch nicht,
sie tanzen weiter in dem Höllenreigen.

Ich will dein Stillsein länger nicht ertragen,
leck still die Wunden, die du mir geschlagen
und warte, dass der Schmerz verblasst.

Dann, irgendwann, werd' ich ganz ohne Fragen,
und ohne mich darüber zu beklagen,
erkennen, du warst meiner Seele Last.

1994

Herz im Sturm

So stürmisch wie da draußen,
so sieht mein Inn`res aus,
ein Toben und ein Brausen,
als wollt` etwas hinaus.

Ich denk, könnt ich jetzt schreien,
dass` von den Wänden hallt,
es würd mein Herz befreien,
ich fühlt mich leichter bald.

Doch Schrauben an den Lippen
die hindern mich daran,
ich muss es mir verbitten,
in mir tobt ein Vulkan.

Will mich im Wald jetzt stärken,
damit es nicht mehr brennt,
und keiner wird`s bemerken,
der mich nicht wirklich kennt.

1993

Die Rosenknospe

Ich schenkte dir im letzten Mai
die Rosenknospe, zart rose,
ich sagte dir damit Ade,
leb wohl, es ist schon lang vorbei.

Du knicktest voller Wut den Stiel,
warfst sie mir vor den Fuß.
Ich nahm sie auf als letzten Gruß,
so endete dein böses Spiel.

Die Rosenknospe - einst so zart -
ist nie so ganz verdorrt,
denn ich warf sie nicht fort,
verwahrte sie auf meine Art.

Du knicktest nicht nur Rosenstiele,
brachst seelenruhig viele Herzen,
und dann - mit einfach seichten Scherzen-
zerstörtest du zu gern Gefühle.

Nun liegt die Knospe in dem Schrein,
und Jahre fliegen übers Land.
Erinnerung an grobe Hand
wird diese Knospe immer sein.

1994

Frei

Ich schicke meine Gedanken,
die mich lähmen wollen,
mit den Wolken davon.

Bin ein Clown, ein Spieler und frei.

Mit dem Wind kann ich tanzen,
lasse ihn die Sorgen verwehen,
so fühle ich mich leicht.

Bin ein Vogel, ein Blatt und frei.

Wenn ich den Sonnentag umarme,
wird mir bis ins Herz warm,
es leuchten frohe Wünsche.

Bin ein Baum, eine Blume und frei.

Besinne ich mich auf das Leben,
fallen mir meine Träume ein,
sie formen sich zu Liedern.

Bin ein Sänger, ein Schreiber und frei.

Gebt mir eure Hände,
lacht und tanzt mit mir,
so bieten wir dem die Stirn,
das uns traurig, verzagt
und hoffnungslos machen will.

Wir sind Clowns, sind Spieler.
Wir sind Vögel, sind Blätter.
Wir sind Sänger, sind Leser.
Wir sind Schreiber, sind Tänzer.
Wir sind Träumer, sind Wissende.

Doch vor allen Dingen sind wir frei.

1994

Dunkelzeit

Himmel und Erde werden eins
im Nebel, der feine Schleier webt.
Im Brachland November
werfen schwarze Wälder Schatten
und hungriger Krähen Lied
kippt Hoffnungshell in Erschauern.

Die Becher geleert

Die Becher geleert und die Liebe getrunken-
gemeinsam in goldenem Rausche versunken.
Doch lange schon welken die Blätter,
die Blätter der Rosen.

In Wolken geschwebt und die Berge erklommen,
die Meere der Freuden gemeinsam durchschwommen.
Doch längst schon entflogen die Tauben,
die Tauben des Friedens.

Die Sterne gezählt und die Küsse gegessen,
die Welten der Träume geteilt und besessen.
Doch lange schon rinnen die Tränen,
die Tränen des Abschieds.

Das Sehnen gefühlt und voll Hoffnung geblieben,
den Glauben an uns in die Sonne geschrieben,
doch zu lange schon trennen uns Welten,
die Welten des Verstehens.

Den Kummer getragen, zu lange verborgen,
ich hab mich getrennt, schau' freudig auf morgen.
Denn viel zu tief gingen die Brüche,

die Brüche des Vertrauens.

1994

1995 – 2016
H.B.
Hildesheim - Hamburg

Ich will träumen
mit dir schweigen
dich empfinden in jedem Lächeln
deine Hände fühlen allezeit
Gleiche Gedanken
halten uns umfangen
Empfindungen
hochpeitschend wie die See
wieder ruhig und glatt
wie ein Spiegel
in dem wir uns sehen
leuchtend ineinander verschlungen

Herz Schmerz Lust Leid
Gemeinsam Einsam
Lieben Verlassen
Gewinnen Verlieren
So dicht beieinander

Gemischte Jahre

Sommerballade

Ich ruhte, entspannte am plätschernden Bach,
vor Blicken geschützt unter grünendem Dach.
Wie oft habe ich diesen Platz schon gewählt,
wenn lärmende Hektik mich schmerzhaft gequält.

Ich lieb diese Orte und finde schnell Ruh,
Gezwitscher und Rauschen…ich höre still zu.
Seh' ich dann das Dörfchen, dort unten im Tal,
dann wird alles Schwere im Leben egal.

Erinnerungsweben mit magischem Duft
lässt mich leicht erbeben in säuselnder Luft.
Es zeigt sich am Waldrand, umflossen von Licht,
was mein Herz vorgaukelt - dein liebes Gesicht.

So lausch ich mit Lächeln dem plätschernden Bach
und schaue versonnen dem Schattenbild nach.
Der Wellen Kantate entstand hier am Ort,
die Lieder der Nornen, sie zogen dich fort.

Wir hatten uns so an die Treffen gewöhnt,
die Stunden der Freuden im Herzen ersehnt.
Die Zeit hat es an sich, zu schnell zu vergehn,
belebend die Hoffnung, uns wieder zu sehn.

Umduftet von Blüten hast du mich geküsst,
derweil uns Waldsänger mit Liedern gegrüßt.
Und während ein Lüftchen die Wiese durchstrich
erlebten wir Leben, du mich und ich dich.

Die liebende Sehnsucht, erinnerungsschwer
verflog in den Jahren, ich fühl sie nicht mehr.
Vergangen die Liebe, die wir nie bereut,
doch bleibt uns das Ahnen der traumhaften Zeit.

1997

Gib mir die Sicherheit
deiner Liebe
deiner Gefühle
für einen Augenblick
der Ewigkeil
Liebe mich
so wie ich bin

Löffelchen - Kuscheln
Dein Atem warm in meinem Nacken
Hände warm auf meinen Brüsten
Bauch an Rücken
Wärme und Begehren
Gemeinsames Atmen
atmen und fühlen

Ihre Herbststurmaugen
zeigen letztes loderndes Feuer
und verlöschende Glut
Der Wind nimmt ihre
Erinnerungen mit
Treibholz in der Asche
der vergehenden Zeit.

Lass uns das Glück in Farben tauchen
mit Küssen regenbogenbunt
Die Freude rot in Wolken schreiben
uns lieben samtigwarm und weich

Will Sehnsucht in den Sand eingraben
mit dir gemeinsam Hand in Hand
Vetrauen wie ein Zelt aufbauen
und glauben an Beständigkeit

Im Schimmer des Flusses
berühren sich sanft
Tag und Nacht,
wenn die Sonne
zischend untergeht.
Goldglänzende
Sandkörner auf der Haut,
noch umfangen
von der fliehenden Hitze
atmen wir uns,
umschlungen in den
länger werdenden Schatten
des betörend duftenden
Orangenhains.

Himmelslicht

Schau ich durch diese Fensterscheibe,
dann grüßt von fern ein Himmelsstück,
es ruft mir zu, dass mir doch bleibe
das Fünkchen Hoffnung auf das Glück,

zeigt Wolken mir in ihrem Tanz,
die sich vom Winde treiben lassen,
doch krönend in dem Strahlenkranz
muss alles vor dem Licht verblassen,

das leuchtend unsern Tag erhellt,
das Kraft und Leben schenkt auf Erden,
die Sonne ward für uns bestellt,
dass unsre Herzen heller werden.

Wenn dann der Schein am Abend bricht,
noch einmal blitzt am Horizont,
dann wechselt sich das Himmelslicht,
es leuchten Sterne und der Mond.

Und Frieden füllt das fragend' Herz,
die Freude kehrt ganz leise ein,
spielt plötzlich eine andre Terz
und Schlaf hüllt heilend mich dann ein

Ich mische die toten Blüten
mit ausgetanzten Blätter am Weg
und reibe sie klein in den Händen
Fragmente des Grün-und Blühlebens
werfe ich dem Eis- Wind zu
der sie zu einen letzten Taumel trägt
Sie sinken in den Schoß der Erde
und es umfließt sie das Lied
vom Werden Vergehen Werden
dem Kreislauf der Schöpfung

1997

Du Ich Wir

Öffne die Pforte des Himmels.
Führe mich den Weg
des Alles Vergessens.
Nimm mich in Besitz,
so wie ich dich
mir zu eigen mache.

Willenlos
im Rhythmus des Blutes
und doch so stark.
Du- Ich- Wir

Unser Herbst am Meer

Mit dir lebe ich
das Schweigen der leeren Strände
und wir fühlen uns umarmt
vom rotgoldenen Horizont

Wir verfolgen still
den verwischenden Nebel
und sehen noch die Farbenspiele
so bunt sie der Sommer trieb

Uns bewegt
das Verstummen der Laute
friedvoller Übergang des Jahres
und die Stille leuchtet in uns

Vergangen unsere Muschel-Finde-Tage
verwaschen unter gebrochenen Wellen
Brandung malt ein neues Bild
Nur unendliche Weite ohne das Uns
Ich fühle die andere Schönheit der Zeit

Umarmt von Düften

Wir lassen uns fallen
umarmt von den Düften
des verklingenden Tages
Verwehender Rosenduft
schleicht in unser Fühlen
Pulsierend
eindringend
die Stimmen der Natur
Irisierende Farben betören
wärmen und locken Verlangen
Wortlose Versprechen strömen
durch die verschlungenen Hände

Nebellieder

Nebellieder will ich tanzen
Schleier um die Schultern tragen
Licht in meine Haare flechten
winterweiß die Tage singen

Schnee und Kälte freudig trotzen
ofenwarm in meinem Haus
Flocken kussheiß schmelzen lassen
lippendurstig Haut an Haut

Novemberblues

Lass es nicht zu,
dass freudlose Momente
sich wie welke Blätter
auf die Seele legen
und das ganze Jahr
zum November stempeln.
Schau nach vorne
und sieh
die hellen Lichter leuchten.
Nur wer die dunklen Tage erlebte,
kann die bunten Farben tanzen.
Ich suche das vertraute DU
in den rollenden Wellen,
die den Saum des Landes küssen.
Möwenschreie zerkratzen
das sanft rauschende Jetzt
und krallen sich
in mein Sehnen.
Leere, ausgestreckte Hand
zwischen goldenem Sand
und der blauen Weite.

Winter am Meer

Wolken tragen Winterlichter
spiegeln sich im Wellenkamm
Schatten färben die Gesichter
silbern scheint der Uferdamm

Mundgehauchte Atemwölkchen
überfrieren leicht im Wind
Hungrig kreischt ein Möwenvölkchen
und das Wir so schnell verrinnt

in dem Strandgut der Gedanken
die mir dich nicht wiederbringen
die mich dornengleich umranken
Unser Lied wird nie verklingen

Neues Lieben

Singend erlebe ich die Frühlingssonne,
die mich aus dem Kindsein erweckt.

Ich trage den Sommer in mir,
der den Septemberglanz
in meine Haare sprenkelt,
doch der weit weiß-wogende Schleier
lässt die Winterbraut schon ahnen.

Erloschen sind die Farben,
die die Augen lebendig hielten.
Grau tauche ich in das Ende der Zeit,
den Schluss des Wandels.

Und doch höre ich immer noch
die Stimmen der Natur,
rieche die himmlischen Düfte,
schmecke voller Verlangen
die Süße der vergangenen Lieben
auf meinen Lippen, meiner Haut.

Berührungen der Vergangenheit
hüllen mich liebend ein.
Es wird so ein Leichtes,
das Hier loszulassen
um neues Lieben anders zu leben.

Liebe und Demenz

Du nanntest mich dein Frühlingsherz,
als Maienlust uns einst umfing
und Blüten trugen wir im Haar,
als diese Zeit vorüber ging.

Das Glitzern in der Sternenstille
macht heiß und atemlos zur Nacht.
Und unsre Lust der Sommerherzen
hat Nachtigallen- Lied entfacht.

Noch warm sind unsre Herbstzeitherzen,
sie singen bunt und tanzen sacht,
doch senken sich schon Nebelschleier.
Gedankenlos, dich küsst die Nacht.

Noch halte stumm ich deine Hände,
denn Worte sind ganz ohne Macht.
Und still friert nun mein Winterherz,
es wird nicht mehr entfacht.

Sie schlagen noch in gleichen Takten,
das Metronom der Zeit hält stand.
Ich lege niemals zu den Akten
wie einst mein Herz das deine fand.

2013

Für DICH

Die Welt wird leiser um dich her,
die Nacht verdunkelt Land und Meer.
Ermattet ausruh'n von dem Leben
könnt deiner Seele Ruhe geben.

Sieh, wie das Weltenlicht nun weicht,
die Hand des Friedens dich erreicht,
es schwindet ganz das Jetzt und Hier
und tausend Lichter leuchten dir.

Sie führen dich aus diesem Weh,
so trenn dich leicht und freudig - geh.
Es zieht dich in den hellen Schein,
dort kannst du ohne Schmerzen sein.

Und zeigt uns dann das Morgenrot
der Tag ist hell, vorbei die Not.
Es leuchtet sanft als Liebesgruß,
geschickt von dem, der gehen muss.

2016

Du bist gegangen

Am Ende deines Weges
da liegt ein stilles, tiefes Tal,
du wirst es leicht durchschreiten,
wie schon so viele, viele mal.

Dein Weg geht drüben weiter
und plötzlich wird dir vieles klar,
denn du erkennst dein Wirken
was falsch, was richtig war.

Wir werden an dich denken
und sicher manchmal traurig sein,
dann schickst du uns ein Lächeln
und packst es in die Wolken ein.

2016

Ich habe deinen Namen in den Wind gerufen,
nun wird er ihn weitertragen durch die Sphären
und er wird ihn singen in seinem Lied für die Sterne.

So wird das Erinnern an dich
als Melodie durch die Ewigkeiten schwingen.
Dein Tod ist die Grenze deines Lebens,
aber nicht das Ende der Liebe.

An R.H.

Du hast wieder nur gelogen!
Du hast mich wieder mal betrogen!
Weißt du, wie oft du mich schon hast verletzt?
Ich hab meine Wünsche stets hintenan gesetzt.
Doch werde ich lächeln, wenn du zu ihr gehst
und nicht mehr erwarten, dass du zu mir stehst.

1986

Warum ist mir nur so kalt?
Woher nehme ich mir Halt?
Deine Liebe, so schnell verglüht,
wie eine Rose im Wind verblüht.

Mir ist so kalt, ich fühl mich leer,
ein gemeinsames Wir gibt es nicht mehr?

1986

Leben geht...

Wenn sich am dunklen Wolkenrande,
ein sanftes Licht mir schimmernd zeigt,
fühl ich am müden Lebensbande,
dass sich mein Weg dem Ende neigt,

Im Fortgang einer langen Zeit,
konnt' man das Licht mir niemals rauben,
ich bin seit langem schon bereit,
getragen stets von meinem Glauben.

Und dann zu Lebensabendzeiten
wächst neuer Zauber der Gedanken,
die sich in großer Innigkeiten,
um alle Schönheit möchten ranken.

Die Einsamkeit der Abendstille,
hält fest und warm umfangen.
Ich schau zurück auf Glückes Fülle,
das leis mit mir gegangen.

Der großen Weisheit schöne Blüte.
ist eingetaucht in reines Licht,
ich beuge mich der Allmacht Güte,
ich wehre einem Ende nicht.

Und hält sie mich dereinst umfangen,
ersehnte Stille, die ich such,
werd' ich in Lichtes Land gelangen
und sanft schließt sich mein Lebensbuch.

Die Liebe höret niemals auf

Die Liebe höret niemals auf,
so wurd es einst geschrieben,
Korintherbrief, das Hohelied -
Das Wichtigste ist lieben.

Seid ihr verletzt nach einem Streit,
dann zeigt euch bitte gütig,
denn wisset, was die Schrift euch sagt:
die Liebe ist langmütig.

Sie handelt nicht im Eigennutz,
lässt sich zum Zorn nicht reizen,
drum traget euch nie Böses nach,
mit Liebe niemals geizen.

Sprecht auch die Wahrheit allezeit,
der Lüge bleibet abgewandt.
Die Liebe glaubt, erträgt und hofft.
denn Liebe hält der Prüfung stand.

Ich segne euch mit meinem Gruß
und bitte euch, schaut auch gut drauf,
dass sie sich bei euch stetig mehrt...
Die Liebe höret niemals auf.

2017 für C&J

Meine Traurigkeit

Meine Traurigkeit kann ich mir nicht erklären
Sie überfällt mich, greift nach mir
presst mir die Seele zusammen

Eine Winzigkeit Ein Wort des Anderen
Eine Geste Ein Geruch
lässt Bilder vor meinem inneren Auge erstehen
Und dann lächle ich, um nicht weinen zu müssen.

Ihr seht nur mein lächelndes Gesicht,
meinen Schmerz können nur wenige ahnen.

1972

Grübeln

Widerstreitende Gedanken
sind wie dichte Dornenranken,
die im Dunkeln nach dir fassen,
und dich nicht mehr gehen lassen,
die dich reißen und so schinden,
dir die ganze Kraft entwinden.
Dort wo alle Kraft zerbricht,
lösen sich die Dornen nicht,
halten grübelnd die Gedanken,
die so tief ins Herz dir ranken.

1974

Berührtest du mich,
spürte ich das Feuer
der Sonne in uns,
die wir tanzten.
Küsstest du mich,
wehte der Abendwind
unseren Atem,
so wie wir ihn sangen.
Schließe ich die Augen,
trägt deine Liebe
mich auf Wolken,
mit denen wir flogen.

Ich fühle es immer noch,
auch wenn die Entfernung,
die zwischen uns liegt,
messerscharf ist.

1987

Inhalt

Vita Flora von Bistram

Jahrgang 1949
(Realname Ursula Heinemann)
Geboren in Siegen, aufgewachsen im Sauerland, Volksschule, Gymnasium,
Internatsschule der Ursulinen, Kinderpflegerin, Erzieherin,
seit 38 Jahren Heilpraktikerin.
Zwei Kinder, Enkel. Schreibt seit ihrer Kindheit Geschichten und Gedichte.
Lebt in Hildesheim – Niedersachsen

„Flora von Bistram" war der Name der Urgroßmutter, die auch gerne
schrieb, daher wählte ich vor ca 20 Jahren diesen Namen als Pseudonym.

Bücher (1989-2016)

Licht und Schatten I;
Lebensscherben (Roman) ISBN: 978-3-939783-32-9;
In der Stille (Gedanken, Gedichte) ISBN: 978-3-9812428-0-5;
Auf den Flügeln der Nacht (Gedanken, Gedichte) ISBN-13:978-3941373150;
Halt die Zeit an (Kurzgeschichten) ISBN-Nr.9783842326361

Komm näher (Gedichte) ISBN-13:978-3848217694
Licht und Schatten II (Gedichte) ISBN-13: 978-3734741845
Ich bin doch ein Sternenjunge
(Gutenachtgeschichten zum Vorlesen)ISBN 978-3-7412-8326-0
In mehreren Ausgaben der EREMITAGE vom Peter Valentin Verlag in
Ludwigsburg erschienen Gedichte und Geschichten;
Im Weihnachtsbuch für Erwachsene I sowie im Jahresbuch 2007 vom
Mohland Verlag erschienen Beiträge
Bis 2012 Mitglied im Club Forum Literatur in Ludwigsburg;
Preisträgerin 2014 im Lyrikwettbewerb Hildesheim, der europaweit
ausgeschrieben war

Homepages: http://nachtfluege.de
http:// https://mimis-maerchenseite.jimdo.com/
Blogs: z.B. http://floravonbistram-gedichte-lyrik.blogspot.de/
youtube: https://www.youtube.com/user/Nachtfluege